RESTAURER RETOUR

BANNI
PAYPAL

APPEL GUIDE

Reprenez le contrôle de votre
compte PayPal et évitez les
limitations permanentes !

RICHARD OJUKWU

RESTAURER RETOUR BANNI PAYPAL

<u>INTRODUCTION</u>

PayPal occupe une position importante en tant qu'outil essentiel de traitement des paiements dans le domaine du commerce électronique contemporain. Il est devenu une partie intégrante des opérations de nombreuses entreprises, servant de moyen de confiance pour accepter les paiements. Cependant, il existe des cas où PayPal peut imposer des limitations à un compte en raison d'activités frauduleuses présumées ou d'autres problèmes connexes.

Si votre compte PayPal est soumis à de telles restrictions, que ce soit en raison de problèmes de fraude ou de toute autre complication, vous avez la possibilité d'engager une procédure d'appel. Cet appel sert de moyen pour demander une exception ou la restauration de votre compte à son état d'origine non grevé. En vous engageant dans ce processus, vous pouvez fournir des informations supplémentaires, répondre à toute préoccupation et démontrer la légitimité des activités de votre compte, cherchant ainsi une solution favorable.

TABLE DES MATIÈRES

1- QU'EST-CE QUE PAYPAL ET SES UTILISATIONS ET QUELLES SONT LES HISTOIRES INÉDITES DE PAYPAL—————————————————————4

2- Que faire si PayPal n'est pas pris en charge dans votre pays.------------------------------------8

3-Que faire si votre compte est définitivement bloqué.---11

4 - SOUMISSION D'UNE LETTRE D'APPEL.--14

5- Comment Restaurer votre compte avec une lettre d'appel.--14

6-Le dernier recours—————————————————27

7-Éviter les soupçons—————————————————30

8- COMMENT RETOURNER À PAYPAL APRÈS AVOIR ÉTÉ PERMANENTEMENT INTERDIT OU RESTREINT AUPARAVANT.---34

CHAPITRE 1

QU'EST-CE QUE PAYPAL ET SES UTILISATIONS ET QUELLES SONT LES HISTOIRES INÉDITES DE PAYPAL.

☐ Qu'est-ce que PayPal

PayPal est une plate-forme de paiement en ligne tierce bien établie et largement reconnue, réputée pour son expertise dans la facilitation de transferts d'argent en ligne sûrs et efficaces. Utilisé principalement par les entreprises, PayPal est un moyen fiable d'accepter les paiements des clients ou des utilisateurs.

L'un des principaux avantages de PayPal est sa polyvalence dans les options de paiement. Les utilisateurs peuvent facilement effectuer des paiements via PayPal en utilisant diverses sources, y compris leurs comptes bancaires, cartes de crédit ou d'autres services de paiement en ligne de premier plan comme Amazon Payments, Google Wallet ou Apple Pay. Cette flexibilité améliore le confort d'utilisation, vous permettant de choisir la méthode la plus appropriée pour vos transactions.

En tant qu'entreprise de traitement des paiements de confiance, PayPal s'est bâti une solide réputation pour son engagement à garantir la sécurité et l'intégrité des transactions financières. En fonctionnant comme un système de transfert d'argent électronique, PayPal offre un environnement fiable et sécurisé pour échanger de l'argent en ligne. Les utilisateurs peuvent envoyer en toute confiance des paiements directement depuis leurs comptes bancaires ou leurs cartes de crédit, sachant que leurs informations financières sensibles sont protégées. PayPal fonctionne essentiellement comme un réseau complet de transfert d'argent en ligne, offrant aux utilisateurs la possibilité d'envoyer des paiements de manière transparente via différents canaux. Qu'il s'agisse d'un virement direct depuis un compte bancaire ou de l'utilisation d'une carte de crédit, PayPal offre une expérience simplifiée et facile à utiliser pour exécuter des transactions financières en toute sécurité.

L'histoire inédite : pourquoi vous avez besoin de PayPal pour votre entreprise.

PayPal est devenu une plateforme de paiement très appréciée des entreprises, principalement en raison de ses avantages exceptionnels en termes de rapidité et de sécurité. En choisissant PayPal, les entreprises peuvent s'assurer que les transactions de paiement sont traitées rapidement et avec une protection maximale. La facilité d'utilisation de la plate-forme contribue également à son attrait, car les clients peuvent effectuer des achats sans effort et sans rencontrer de complexités ou d'obstacles inutiles.

De plus, PayPal dispose d'un vaste réseau de marchands, donnant aux entreprises l'assurance que leurs produits trouveront toujours des acheteurs potentiels. Cette large portée élargit considérablement la portée du marché pour les entreprises, augmentant leurs opportunités de ventes réussies et de génération de revenus.

Pour ceux qui recherchent une solution fiable pour accepter les paiements en ligne, PayPal s'impose comme une excellente option. Sa facilité d'utilisation, associée au vaste réseau de commerçants, crée une expérience transparente pour les entreprises et leurs clients. Que les entreprises vendent des produits physiques ou numériques, PayPal sert de plate-forme de confiance qui simplifie le processus de paiement et garantit une expérience de transaction fluide pour toutes les parties impliquées.

En bref, PayPal offre aux entreprises une variété d'avantages, notamment un traitement des paiements rapide et sécurisé, une interface conviviale et un vaste réseau de marchands. Choisir PayPal comme solution de paiement ouvre les portes à de plus grandes opportunités de vente et offre une expérience de paiement en ligne transparente pour les entreprises et leurs clients.

CHAPITRE 2

☐ Que faire si PayPal n'est pas pris en charge dans votre pays.

Si PayPal n'est pas disponible dans votre pays, il existe d'autres méthodes pour faciliter les paiements en ligne. Une option viable consiste à utiliser un processeur de paiement tiers, tel que Stripe ou Braintree, qui offre un support pour un large éventail de méthodes de paiement. Ces processeurs permettent aux entreprises d'accepter les paiements en ligne et offrent une alternative viable à PayPal.

De plus, des services comme FreshBooks ou Bill.com offrent la possibilité de configurer une facturation récurrente, permettant aux entreprises d'automatiser et de gérer des cycles de paiement réguliers. Cela peut être une solution pratique pour les entreprises qui ont besoin d'arrangements de paiement cohérents et prévisibles.

Lorsque vous explorez les processeurs de paiement locaux comme alternative à PayPal, il est essentiel de vérifier leur compatibilité avec les méthodes de paiement souhaitées. Bien que certains processeurs puissent prendre en charge des options populaires telles que Visa, MasterCard, American Express et PayPal, il est important de confirmer qu'elles répondent à vos besoins spécifiques.

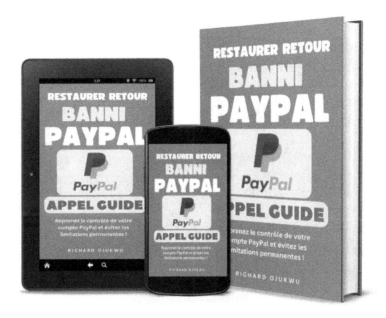

Alternativement, contacter directement les processeurs de paiement locaux et poser des questions sur la possibilité d'intégrer les paiements PayPal est une autre piste à explorer. Cependant, il est sage de considérer les frais associés et de peser les coûts et les avantages avant de s'engager dans cette approche.

En bref, si PayPal n'est pas disponible dans votre pays, plusieurs options peuvent encore vous permettre d'effectuer et de recevoir des paiements en ligne. L'utilisation de processeurs de paiement alternatifs prenant en charge plusieurs méthodes de paiement ou la mise en place d'une facturation récurrente avec des services spécialisés sont des solutions potentielles. En outre, il vaut la peine d'envisager de contacter les processeurs de paiement locaux pour discuter de l'inclusion des paiements PayPal, bien que les coûts associés doivent être soigneusement évalués.

CHAPITRE 3

Que faire si votre compte est définitivement bloqué.

Démarrer une entreprise peut être difficile. Il y a tellement de choses auxquelles on doit faire face à un moment donné. On comprend que ça devient fatigant à un moment donné. Mais vous devez le laisser ne pas vous atteindre et la meilleure façon de ne pas vous épuiser est de prendre du temps tous les jours. Votre entreprise pourrait vraiment bénéficier de la présence des bonnes personnes à bord pour vous aider à améliorer votre entreprise ; Même si vous êtes le leader, il y a tellement de facteurs que vous devez prendre en compte afin d'éviter de vous sentir dépassé ou stressé et être en mesure de réussir dans l'ensemble en tant qu'entrepreneur à la tête d'une entreprise n'est pas une mince affaire.

Si PayPal détermine que vous avez été impliqué dans des activités frauduleuses ou à haut risque (telles que la vente de produits contrefaits ou l'utilisation de cartes de crédit volées) ou si vous n'avez pas respecté les termes des conditions d'utilisation (par exemple, vous avez utilisé PayPal pour vendre du matériel pornographique), votre compte sera limité et/ou soumis à des rétrofacturations lorsque des personnes signaleront votre entreprise comme une arnaque. Vous risquez également de perdre de l'argent lorsque quelqu'un que vous avez payé tente de contester les frais.

PayPal limite l'accès du compte à certaines fonctionnalités, telles que l'envoi, le retrait et la réception d'argent. Par exemple, PayPal peut limiter l'envoi de destinataires s'il pense que l'expéditeur a déjà utilisé un destinataire spécifique pour recevoir de l'argent, puis tente de le retirer autrement. Cela permet de protéger tous les autres utilisateurs de PayPal avec lesquels vous avez pu avoir affaire et de réduire les pertes ultérieures que PayPal pourrait subir en raison de litiges de transaction ou de rétrofacturations.

PayPal est fier de maintenir des normes élevées pour les transactions en ligne, mais comprend que tous les problèmes ne sont pas la faute du fournisseur et que certaines personnes peuvent profiter de leurs comptes. Pour cette raison, PayPal a une politique de litige qui permet aux fournisseurs de faire appel de ce qui pourrait autrement être une situation qui leur laisse une mauvaise réputation et un compte terni.

☐ Aimeriez-vous recevoir une formation vidéo GRATUITE révélant comment créer une entreprise Amazon Book Publishing à 10 000 $ par mois à partir de zéro

☐☐CLIQUEZ ICI POUR REGARDER MAINTENANT

CHAPITRE 4

☐ SOUMISSION D'UNE LETTRE D'APPEL.

Si vous rencontrez une situation où votre compte PayPal a été limité, il est important que vous preniez des mesures opportunes et appropriées. Commencez par lire attentivement les conditions d'utilisation et les politiques fournies par PayPal pour voir s'il existe des instructions ou des directives spécifiques liées au problème auquel vous êtes confronté. Cette étape peut fournir des informations précieuses et des solutions possibles pour aider à résoudre le problème.

Si l'examen des conditions d'utilisation n'apporte pas de solution satisfaisante, il est recommandé de contacter directement le service clientèle de PayPal. Appeler leur ligne de service client et expliquer la situation vous permettra de recevoir une assistance personnalisée et des instructions supplémentaires. Votre représentant du service client peut vous fournir des conseils sur les étapes spécifiques que vous devez suivre pour résoudre la limitation du compte.

Dans de telles circonstances, il est crucial de garantir le respect de toutes les directives définies par PayPal. Cela comprend la fourniture d'une preuve adéquate de propriété du compte en question et des finances qui y sont associées. Veuillez suivre attentivement le processus de vérification et soumettre toute documentation ou preuve nécessaire comme demandé par PayPal. Cela contribuera à accélérer le processus de résolution et à démontrer que vous êtes le propriétaire et le contrôle légitimes du compte.

En suivant ces étapes - en examinant attentivement les conditions d'utilisation, en contactant le support client pour obtenir des conseils et en répondant à toutes les exigences nécessaires en matière de preuve de propriété - vous pouvez résoudre efficacement le problème d'un compte PayPal limité et travailler pour parvenir à une résolution en temps opportun.

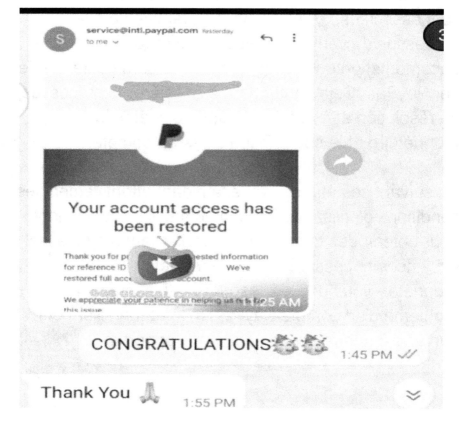

CHAPITRE 5

☐ Comment restaurer votre compte avec une lettre d'appel.

Le plus difficile est de comprendre pourquoi votre compte PayPal a été banni. La meilleure façon de savoir pourquoi votre compte a été banni pour une raison spécifique est d'envoyer directement un e-mail à PayPal, de trouver un moyen de les contacter et de demander pourquoi votre compte a été banni. Si vous avez envoyé de nombreuses transactions frauduleuses ou si vous avez constamment essayé de tromper PayPal, votre compte sera définitivement bloqué.

Si vous n'avez fait aucune des choses ci-dessus, vous pouvez faire certaines choses pour restaurer votre compte à un état de fonctionnement normal.
Il existe un modèle d'e-mail que je fournirai qui est un modèle d'appel utile avec l'adresse e-mail permettant aux responsables de PayPal d'envoyer leurs e-mails pour une réponse rapide
Il vous suffit de rééditer les informations pour qu'elles correspondent aux vôtres.
   Tels REF ID, NUMÉRO DE CAS et ADRESSE EMAIL. ETC
   Pour restaurer plus rapidement votre compte définitivement verrouillé.

☐ **COMMENT RESTAURER PLUS RAPIDEMENT VOTRE COMPTE PAYPAL INTERDIT EN PERMANENCE AVEC LE MEILLEUR MODÈLE DE COURRIER ET L'ADRESSE COURRIEL LA PLUS ATTRACTIVE.**

☐ **Premier modèle d'e-mail d'appel**
Veuillez le modifier à nouveau et l'envoyer à PayPal pour une restauration rapide après avoir été définitivement bloqué.

Appel de limitation de compte (ID de référence - PP-L-xxxxxx)

Chère équipe chargée des performances des vendeurs PayPal,

Je vous écris pour demander une révision des limitations imposées à mon compte professionnel (adresse e-mail)

Je suis désolé que nos performances en tant qu'utilisateurs de PayPal soient récemment tombées en dessous des normes de qualité de PayPal et de nos propres normes.

Les messages que j'ai reçus de PayPal concernant ces limitations indiquent que les comptes ont été utilisés en violation des politiques de PayPal.

J'ai beaucoup réfléchi pour essayer de comprendre quelles politiques auraient pu être enfreintes. J'ai relu le contrat d'utilisation deux fois, y compris la politique d'utilisation acceptable, et rien ne m'est venu à l'esprit.

Lorsque j'ai découvert que j'avais VIOLÉ la politique d'utilisation acceptable, j'ai été choqué. Maintenant, quand ça dit Viol... Y a-t-il un moyen de le récupérer ? Je n'ai jamais eu de statut en attente sur mon compte. J'ai même un solde de ($) et j'ai aussi un crédit à payer que mon solde ne couvre pas. Croiriez-vous que cela est réparable?

Veuillez examiner de près tout ce qui précède et voir s'il existe un moyen de supprimer les limitations de mon compte de trading. J'ai ces comptes depuis longtemps et j'aimerais pouvoir les utiliser. d'eux à nouveau.

Je peux bien sûr fournir toute information supplémentaire dont vous pourriez avoir besoin pour restaurer notre compte ;

Je serai impatient d'avoir de vos nouvelles.

Merci,
(Votre nom).

☐ MODÈLE D'E-MAIL DEUXIÈME APPEL

Veuillez le modifier à nouveau et l'envoyer à PayPal pour une restauration rapide après avoir été définitivement bloqué.

Appel de limitation de compte (ID de référence - PP-L-xxxxxx)

Chère équipe chargée des performances des vendeurs PayPal,
Je vous écris pour demander un examen des limitations qui ont été placées sur mon compte professionnel (ADRESSE EMAIL) afin de m'aider à restaurer mon compte.
Je suis désolé que nos performances en tant qu'utilisateurs de PayPal soient récemment tombées en dessous des normes de qualité de PayPal et de nos propres normes.

Je pense qu'il y a deux raisons pour lesquelles cela s'est produit :

1. Certains de nos acheteurs n'ont pas reçu leurs commandes.

2. Les acheteurs ont reçu des articles défectueux ou défectueux.

La mauvaise gestion passée de notre inventaire a entraîné une augmentation des articles non décrits ainsi que des articles non reçus.

Plan d'action:

Nous prenons les mesures suivantes pour améliorer nos performances, en plus de
cinq étapes décrites ci-dessus :

1. Nous avons contacté tous les acheteurs qui n'ont pas reçu leurs commandes et résolu les problèmes. À l'avenir, nous avons mis en place un système de vérification pour confirmer les quantités indiquées avant de traiter les commandes, ainsi qu'un système de suivi avec les transporteurs pour garantir que nos produits sont livrés à nos clients en temps opportun.

2. Nous examinons et travaillons actuellement pour supprimer les produits qui ont un taux de retour supérieur à la normale afin de répondre aux normes de qualité de PayPal. Plusieurs des articles que nous avons vendus dans le passé ont un taux plus élevé d'arrivée endommagée et nous avons travaillé pour supprimer ces articles de notre inventaire afin de nous

assurer que seuls les articles avec un emballage suffisant sont vendus dans notre magasin.

3. Tous nos articles doivent passer des tests de contrôle de qualité rigoureux avant d'être emballés et expédiés. Nous avons également mis en place un processus d'examen final multi-personnes pour nous assurer que nos colis arrivent sans dommage.

4. Nous avons embauché une équipe d'employés pour nous aider à gérer ces problèmes et à améliorer ces chiffres, ce qui se reflète dans nos nouvelles mesures. Veuillez nous faire savoir si quelque chose d'autre doit être fait pour restaurer notre compte ; nous sommes impatients de vous entendre.

Merci
[NOM]

⬜ TROISIÈME MODÈLE DE COURRIER D'APPEL.

⬜ **REMARQUE SPÉCIALE : Ce modèle d'e-mail ne doit être envoyé à PAYPAL que s'ils n'ont pas aidé après l'envoi de ces premiers e-mails lorsque vous leur avez renvoyé ce modèle d'e-mail pour revoir leur décision.**

⬜ Appel de limitation de compte (ID de référence - PP-L-xxxxxxxx)

Chère équipe PayPal,

1. J'ai expliqué la situation actuelle avec mon compte.
2. J'ai expliqué que j'étais d'accord avec les décisions de PayPal de limiter les comptes pour prévenir la fraude et les activités étrangères, ce qui rend la communauté PayPal sûre pour tous les acheteurs, donc je suis totalement d'accord.

3. J'ai expliqué mon business model
4. J'ai gentiment demandé à PayPal de revoir mon compte une fois de plus

5. J'ai fourni tous mes documents commerciaux sur Google Drive. (Certificat de nom d'entreprise, déclarations de revenus, toutes les factures de (l'année en cours), tout le suivi dans une feuille Excel, ID de

passeport, numéro d'entreprise de l'ARC, numéro de TPS/TVH de l'ARC, tableau de mon entreprise montrant le contrôle de la qualité et le processus d'exécution des commandes.

6. J'ai tout résumé et demandé à nouveau de vérifier mon compte car je pense qu'il peut s'agir d'une erreur humaine ou système.

Je peux bien sûr fournir toute information supplémentaire dont vous pourriez avoir besoin pour restaurer notre compte ; Yo
attendons avec impatience de vous entendre.

Merci,
(Nom)

☐ **Liste des adresses e-mail officielles de Paypal pour envoyer vos e-mails**

☐ moldenburg@paypal.com
(Michael Moldenburg, plaintes PayPal)
sthompson@paypal.com
 (Scott Thompson, président de PayPal)
mhentges@paypal.com
(Mary Hentges, directrice financière de PayPal)
crme@paypal.com
(PayPal Office of Executive Escalades)
appeal@paypal.com
harbor1@paypal.com
account-review@paypal.com
ppelce@paypal.com
cardreview@paypal.com
complaint-response@paypal.com
abuse@paypal.com
Europeanservices@paypal.com
resolutions@paypal.com
appeals@paypal.com
compliance@paypal.com
escalations@paypal.com
webform@paypal.com
service@paypal.com
spoof@paypal.com
complaints@paypal.com
aup@paypal.com
press@paypal.com(Informez les relations publiques que
vous déposez des plaintes)

apires@paypal.com (Amanda Pires -- Relations avec les médias)
chargebackresponse@paypal.com
pending_reversal@paypal.com
global2@paypal.com
intl@paypal.com
ppe_courtesycredit@paypal.com
BoEappeal@paypal.com

aup@paypal.com | Jour 1 | 19 jours avant restauration
appeals@paypal.com | Jour 1 | 19 jours avant restauration
executiveoffice@paypal.com | Jour 14 | 6 jours avant la restauration (4 jours ouvrables)
webform@intl.paypal.com | Jour 15 | 5 jours avant restauration

⬜ E-MAILS DE CONTACT POUR LES RÉPONSES SPÉCIALES

ATTENDEZ-VOUS UNE RÉPONSE DANS LES 3 À 10 JOURS

Envoyez votre mail à TOUS ça
⬜⬜⬜
service@intl.paypal.com
executiveoffice@paypal.com
appeals@paypal.com
aup@paypal.com
webform@intl.paypal.com
Europeanservices@paypal.com
resolutions@paypal.com.

CHAPITRE 6

Le dernier recours

Si vous constatez que votre problème n'est toujours pas
résolu malgré vos tentatives précédentes, vous avez la
possibilité de faire remonter le problème. L'escalade
implique de contacter un représentant de niveau
supérieur au sein de PayPal ou d'explorer d'autres voies
de résolution. Voici quelques étapes que vous pouvez
envisager :

1. Contactez un cadre PayPal : si vous pensez que
votre problème n'a pas été traité de manière adéquate
par les canaux d'assistance clientèle habituels, vous
pouvez faire remonter le problème en contactant un
cadre PayPal. Cela peut impliquer d'écrire une lettre ou
un e-mail officiel expliquant la situation, décrivant les

tentatives précédentes que vous avez faites pour résoudre le problème et demandant votre intervention. Les coordonnées de la direction peuvent souvent être trouvées sur le site Web de PayPal ou par le biais de recherches en ligne.

2. Impliquez le Better Business Bureau (BBB):
Alternativement, vous pouvez déposer une plainte auprès du Better Business Bureau. La BBB sert de médiateur entre les consommateurs et les entreprises, dans le but de faciliter des résolutions équitables. Le dépôt d'une plainte via votre plateforme peut entamer un dialogue avec PayPal, l'encourageant à répondre à vos préoccupations rapidement et efficacement.

3. Consultez un avocat expérimenté – Dans les cas plus complexes ou juridiquement importants, il peut être avantageux de demander l'avis d'un avocat expérimenté spécialisé dans les droits des consommateurs ou les litiges commerciaux. Un avocat peut évaluer la situation, vous guider à travers les options juridiques possibles et, le cas échéant, négocier avec PayPal en votre nom. Cette approche garantit que vos droits sont protégés et que vous avez un avocat expérimenté qui vous aide tout au long du processus.

Lors de l'examen des options d'escalade, il est essentiel d'évaluer soigneusement la nature de votre problème, son importance et les résultats potentiels que vous recherchez. Donnez la priorité à une communication claire, fournissez toute documentation ou preuve nécessaire et maintenez une approche professionnelle et courtoise lorsque vous traitez avec des représentants de haut niveau ou des entités extérieures. Cela augmentera vos chances d'obtenir une solution favorable à votre problème.

CHAPITRE 7

Éviter les soupçons

Pour éviter que votre compte ne soit limité en premier lieu, veuillez garder votre compte en ordre en suivant ces directives

Comme tout entrepreneur vous le dira, il est très important de traiter votre compte PayPal comme s'il s'agissait d'un compte bancaire, ce qui signifie maintenir un haut niveau de sécurité afin que personne ne puisse accéder à ce qui ne vous appartient pas. La meilleure façon d'y parvenir est de toujours utiliser des mots de passe uniques pour tous les sites auxquels vous vous inscrivez et de vous assurer que ces mots de passe sont une combinaison de lettres minuscules et majuscules, ainsi que de chiffres. Il est également tentant d'utiliser le même mot de passe pour plusieurs sites, car cela semble plus pratique, mais cela pourrait vous mettre en danger si un autre site est piraté. En plus de toutes ces choses, nous vous recommandons de placer SSL. Il est important de ne pas partager votre compte PayPal ou toute autre forme d'informations bancaires avec qui que ce soit !

Lors de la création d'un compte PayPal, assurez-vous que vos informations personnelles sont cohérentes sur tous les comptes de crédit et financiers. Si vous êtes propriétaire d'une entreprise, utilisez les mêmes informations lors de la création d'un compte PayPal que vos cartes bancaires et de crédit.

☐ Assurez-vous que vos coordonnées sont exactes et à jour afin que vous puissiez être facilement joint en cas de besoin. Par exemple, si vous obtenez un nouveau numéro de téléphone, mettez à jour les informations de votre compte avec le nouveau. Le fait d'avoir des informations incorrectes ou fausses dans le dossier peut rendre votre compte moins fiable par les autres et peut vous causer des problèmes pour accéder à votre compte ou pour contacter les bonnes personnes pour les problèmes spécialisés qui surviennent.

☐ Éliminez les anciens comptes bancaires et cartes de crédit dont vous n'avez plus besoin. PayPal demande aux clients de tenir leurs comptes à jour en supprimant les informations obsolètes ; sinon, ils peuvent se retrouver dans une impasse lorsque leur compte est restreint s'ils ne peuvent pas prouver la propriété du compte.

Enjoy shopping even more

Whether it's paying with PayPal at your local shop, spreading the cost of your new fitness gear, or supporting a charity that's close to your heart, chances are we can help you do it. Pay with PayPal easily and securely, anytime from nearly anywhere.

Sign Up for Free

☐ Si vous êtes un vendeur, utilisez toujours des méthodes d'expédition traçables électroniquement afin que si l'expédition ou la réception d'un bien physique est en cause, vous puissiez facilement prouver votre cas. Assurez-vous également de conserver une preuve d'inventaire ou de marchandise, telle que des reçus, des factures ou une preuve d'authenticité pour les objets de collection plus anciens. Entretenez de bonnes relations avec vos fournisseurs afin de pouvoir accéder facilement à ces informations lorsque vous en avez besoin.

☐ Si vous avez des comptes PayPal anciens ou abandonnés, assurez-vous de résoudre vos problèmes avec ces comptes, puis fermez-les. Si votre compte a été limité et que PayPal voit des comptes liés avec des problèmes, tels qu'un solde négatif ou des plaintes d'acheteurs en attente, PayPal vous demandera probablement de résoudre ces problèmes également avant de lever la limitation de votre compte actif.

CHAPITRE 8

☐ COMMENT RETOURNER À PAYPAL APRÈS AVOIR ÉTÉ PERMANENTEMENT INTERDIT OU RESTREINT AUPARAVANT.

☐ Enregistrement d'un nouveau compte Business PayPal.

Créer un compte PayPal pour la première fois
Pour lier des comptes séparés, PayPal utilise des technologies sophistiquées. PayPal, en revanche, n'interdit pas l'utilisation de noms car certaines personnes partagent le même nom. En conséquence, vous devriez pouvoir enregistrer un nouveau compte à votre nom sans aucun problème.

☐ CHANGER L'ADRESSE IP

PayPal utilise des adresses IP pour identifier les visiteurs. Si vous essayez d'enregistrer un nouveau compte PayPal avec une adresse IP qui a été utilisée par quelqu'un d'autre avec un compte précédemment bloqué, PayPal a également le droit de suspendre votre nouveau compte. Il est crucial d'en être conscient et d'éviter que l'un de ces problèmes ne survienne en premier lieu.
Paypal saura également quels sites Web vous utilisez lorsque vous leur envoyez un e-mail avec des problèmes concernant votre compte, il serait donc préférable que vous ayez une nouvelle IP ou au moins une que personne d'autre n'a utilisée auparavant.

Cela empêche d'autres sociétés ou entreprises comme PayPal d'identifier l'endroit où vous les contactez et d'arrêter les transactions car elles pensent qu'il peut y avoir eu une activité suspecte auparavant provenant de cette même adresse IP.
Par exemple, nous vous recommandons de trouver une autre connexion réseau privée en dehors du travail ou de la maison (peut-être ailleurs en ville) où ils ne peuvent pas voir l'adresse IP de votre ordinateur.
Une autre alternative au VPN est le VPS

Serveur Dédié Virtuel (VPS)

Un serveur virtuel vous donnera une nouvelle adresse
IP et s'assurera également que
Accédez à Internet via votre propre serveur proxy afin
que la connexion soit fiable et rapide.

☐ Changez le nom de votre ordinateur.

fenêtres 10

Ouvrez Système en cliquant sur le bouton Démarrer, en
cliquant avec le bouton droit sur Ordinateur, puis
en cliquant sur Propriétés.
Sous Paramètres de nom d'ordinateur, de domaine et
de groupe de travail, cliquez sur Modifier les paramètres.
Si vous êtes invité à entrer un mot de passe
administrateur ou une confirmation, saisissez le
mot de passe ou fournir une confirmation

☐ Nouveau numéro de carte de crédit/débit et compte bancaire

Carte de crédit / débit

Le moyen le plus simple d'obtenir un nouveau numéro de carte de crédit est de demander à votre société de crédit si elle peut modifier votre adresse de facturation, puis de lui demander de vous émettre une nouvelle carte. PayPal n'interdit que les numéros et les adresses, il ne vérifie pas votre nom.

Le nom lui-même est associé à divers numéros en raison d'autres facteurs associés qui rendent difficile le blanchiment d'argent ou les vendeurs "noirs" sans être découverts comme une entreprise illégale.

☐ **compte bancaire**

Demandez à votre banque de vous ouvrir un nouveau
compte bancaire ; le compte peut être dans votre
nom seulement le numéro de compte doit être différent

☐ **Obtenir un nouveau numéro de téléphone**
Obtenez un nouveau numéro de téléphone qui n'a pas
été utilisé auparavant lorsque vous créez votre compte
PayPal.

☐ **Obtenez un nouveau numéro d'identité comme
(comme NIN, SSN, EIN).**

Pour créer le compte, vous devez utiliser de nouveaux
détails et informations qui n'ont été utilisés auparavant
dans aucun compte PayPal.

☐ Ouvrez un nouveau compte PAYPAL une fois configuré..

Maintenant que vous utilisez votre adresse de boîte postale, votre visa virtuel pour ouvrir un nouveau compte PayPal, vous vous rendrez vite compte que vous êtes réellement soulagé de savoir que vous pouvez désormais le protéger avec une adresse IP dans un compte utilisateur dédié sur votre ordinateur. /MAC lors de la connexion à PayPal à chaque fois.

Il est toujours préférable de se connecter via un fournisseur VPN ou VPS une fois que vous êtes connecté." Chaque fois que vous envoyez un e-mail à l'assistance PayPal, et même si vous envoyez un e-mail depuis Yahoo ou Hotmail, PayPal ne peut plus voir l'adresse IP. que le le contenu est crypté.Commencez lentement à vendre le De la même manière, la plupart des clients continueront à se forger une réputation et s'assureront que cela semble naturel, comme cela le serait pour quiconque se connecte pour la première fois.

LA FIN

POUR LES QUESTIONS LES PLUS FRÉQUEMMENT POSÉES, CHATTEZ-MOI VIA WHATSAPP / NE PAS APPELER
+2348106334849

A PROPOS DE L'AUTEUR

Richard est un entrepreneur en ligne passionné, un spécialiste du marketing numérique et un expert PayPal qui construit actuellement une entreprise de publicité et de marketing sur les réseaux sociaux. Il est également fondateur de GGS Global Consult, une société de conseil internationale dynamique qui se spécialise dans la fourniture d'une formation entrepreneuriale de premier ordre aux aspirants entrepreneurs et propriétaires d'entreprise.

En tant qu'expert PayPal, il conseille régulièrement les PME sur la façon de démarrer une entreprise en ligne et d'utiliser un mode de paiement en ligne comme PayPal pour augmenter les ventes. Il est également formateur à la Zero to Hero Academy, où il forme les étudiants à la création d'entreprise en ligne. Il est actuellement PDG d'une société de marketing dont les objectifs sont de donner aux entrepreneurs et aux entreprises les compétences, les connaissances et les conseils nécessaires pour développer leur activité en ligne.

JE PENSE QUE CE GUIDE ULTIME A VRAIMENT ÉTÉ INESTIMABLE POUR VOUS ET VOTRE ENTREPRISE.

RESTAURER RETOUR

BANNI
PAYPAL

APPEL GUIDE

Reprenez le contrôle de votre
compte PayPal et évitez les
limitations permanentes !

RICHARD OJUKWU